Introduccion

Algunos niños disfrutan del oceano. Este libro está deignado a presentar su nino algunas cosas que el o ella puedon ver en el océano. Juntos usted y su niño puedon leer a través de "Me Gusta El Oceano." ¡Disfruten!

Me gusta la playa.

Me gusta
el paseador
entablado.

Me gustan
los acantilados.

Me gusta
la madera a la deriva.

Me gustan los puertos.

Me gustan las islas.

Me gustan
las torres salvavidas.

Me gustan los faros.

Me gustan
los puentes naturales.

Me gustan las olas.

Me gusta el océano.

Me gustan
los pelícanos.

Me gustan las rocas.

Me gustan los veleros.

Me gusta la arena.

Me gustan
las gaviotas.

Me gustan las focas.

Me gustan las algas.

Me gustan
las conchas marinas.

Me gustan
los surfistas.

Me gustan las pozas.

Me gustan
los muelles.

¿Que más te gusta de la playa?

La playa

Los acantilados

La madera a la deriva

Los puertos

Las islas

Las torres salvavidas

Los faros

Los puentes naturales

Los océanos

Los pelícanos

Las rocas

Los veleros

La arena

Las gaviotas

Las conchas marinas

Las algas

Los surfistas

Las pozas

Las olas

Los muelles

Yo espero que hayan disfrutado la lectura, "Me Gusta La Playa." Busque por más de la series "Me Gusta" como éstas:

"Me Gusta Comer Fruta."

"Me Gusta Comer Vegetales."

"I Like Angels."

Becs Books
PO Box 1126
Ben Lomond, Ca
95005